CATALOGUE

DES

OBJETS D'ART

ET DE

RICHE AMEUBLEMENT

Principalement

DU XVIIIe SIÈCLE ET DU PREMIER EMPIRE

BRONZES, PORCELAINES, FAIENCES, INSTRUMENTS DE MUSIQUE, ARGENTERIE, LIVRES

SCULPTURES, MARBRES, TERRES CUITES

GROUPES MYTHOLOGIQUES, FONTAINES ALLÉGORIQUES

Galerie de Superbes Bustes Historiques

Statue : l'ADONIS, de CANOVA

TAPIS D'ORIENT, ETOFFES BRODÉES

TABLEAUX ANCIENS

DES

Différentes Écoles

SUITE DE PORTRAITS ET PASTELS DU XVIIIe SIÈCLE, DESSUS DE PORTES

DONT LA VENTE AURA LIEU

HOTEL DROUOT, SALLE N° 1

Les Lundi 26 et Mardi 27 Mars 1900, à 2 heures 1/4

PAR LE MINISTÈRE DE

Me GEORGES DUCHESNE

Commissaire-Priseur

6, rue de Hanovre, 6

ASSISTÉ DE

M. A. BLOCHE

Expert près la Cour d'appel

28, rue de Châteaudun, 28

Chez lesquels on trouve le présent Catalogue

EXPOSITION PUBLIQUE

Le Dimanche 25 Mars 1900, de 2 h. à 5 h. 1/2

CONDITIONS DE LA VENTE

Elle sera faite au comptant.

Les acquéreurs paieront *cinq pour cent* en sus des enchères.

L'exposition mettant à même les acquéreurs de se rendre compte des objets mis en vente, il ne sera admis aucune réclamation une fois l'adjudication prononcée.

Paris. — Imprimerie Artistique Ménard et Chaufour, 8-10, rue Milton.

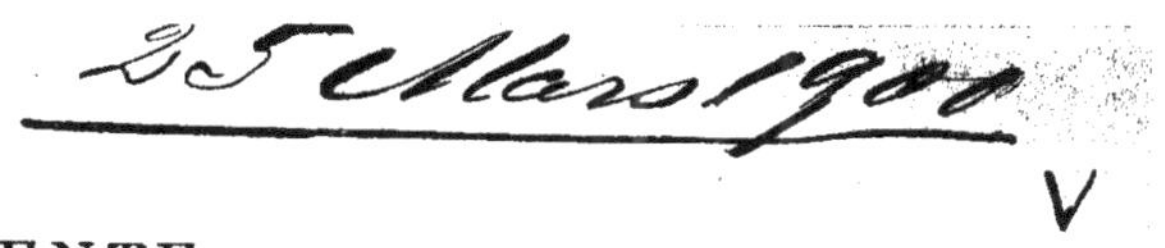

V

VENTE

DES LUNDI 26 & MARDI 27 MARS 1900

HOTEL DROUOT, SALLE N° 1

à 2 heures 1/4

OBJETS D'ART

ET DE

RICHE AMEUBLEMENT

principalement

du XVIIIe siècle et du Ier Empire

SCULPTURES — MARBRES — TERRES-CUITES

TABLEAUX ANCIENS

PASTELS

Tapis d'Orient, Étoffes brodées, Tapisserie

Instruments de musique

Me GEORGES DUCHESNE	M. A. BLOCHE
COMMISSAIRE-PRISEUR	EXPERT PRÈS LA COUR D'APPEL
6, Rue de Hanovre, 6	28, Rue de Châteaudun, 28

EXPOSITION PUBLIQUE

LE DIMANCHE 25 MARS 1900

de 2 heures à 5 heures 1/2

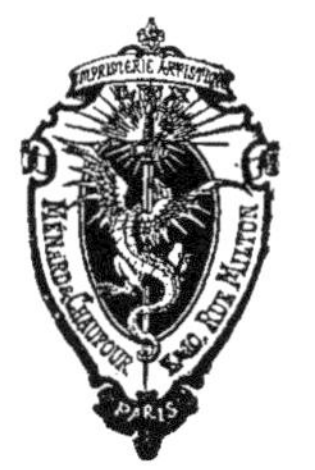
IMPRIMERIE ARTISTIQUE
MÉNARD & CHAUFOUR
8 & 10, RUE MILTON
PARIS

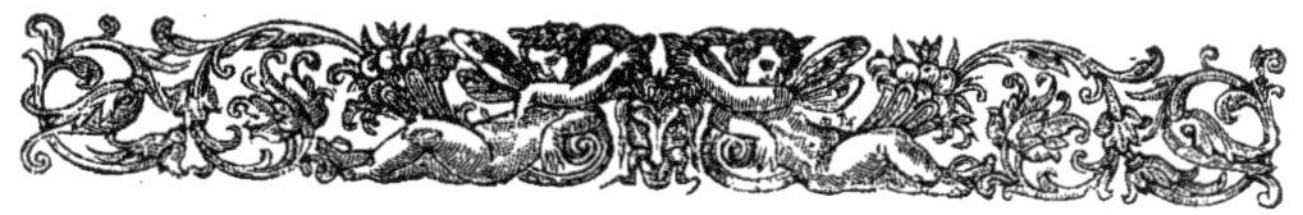

DÉSIGNATION

SCULPTURES

1 — MARBRE BLANC. Très belle statue, grandeur presque nature, représentant *Adonis*. Œuvre des plus remarquables, attribuée à CANOVA. Sur socle en marbre blanc.

2 — MARBRE BLANC. Groupe allégorique formant fontaine, représentant *Une Source, sous les traits d'une nymphe assise.*

3 — MARBRE BLANC. Joli groupe pour pièce d'eau, représentant *le Beau Narcisse se mirant dans l'eau.*

4 — MARBRE BLANC. Deux bustes de femmes. Travail ancien.

5 — MARBRE BLANC. Fontaine formée par un groupe : *Amour assis sur un dauphin.*

6 — MARBRE BLANC. Buste de femme. Travail ancien.

7 — Marbre blanc. Buste de *Diane*. Travail ancien.

8 — Marbre blanc. Buste de *Flore*. Travail ancien.

9 — Marbre blanc. Groupe important représentant *Hercule et Cupidon enfants*, sur socle en marbre vert de Prato.

10 — Marbre blanc. Buste de *la Comtesse Dubarry*.

11 — Marbre blanc. Groupe, allégorie de la *Confidence*, par Carrier-Belleuse.

Signé.

12 — Marbre blanc. Groupe représentant *Hercule* et *Omphale*, sur socle en marbre orné de sculptures.

13 — Marbre blanc. Bas-relief représentant *la Vierge* et *l'Enfant Jésus*, encadré

14 — Terre cuite. Très beau buste de *Edouard, marquis de Visconti*, représenté en grand costume, à perruque, du temps de Louis XIV.

Provenant du château de Brignano des Visconti.

15 — Marbre blanc. Buste de *Catherine de France*, Régente de Turin, femme de Charles-Emmanuel Ier.

16 — Marbre blanc. Buste de *Pierre-le-Grand*.

17 — MARBRE BLANC. Buste de grande dame de la Cour d'Italie, représentée en *Diane*.

18 — MARBRE BLANC. Très beau groupe allégorique de l'*Amour maternel*, sur socle en marbre vert de Prato.

19 — MARBRE BLANC. Buste du *Marquis de Merville* en costume de l'époque.

20 — MARBRE BLANC. Buste du *Duc de Noailles*.

21 — MARBRE BLANC. Buste de *Julie*, femme de Titus.

22 — MARBRE BLANC. Buste de *César-Auguste* en costume de guerre avec cuirasse, admirablement ouvragée.

Répétition de celui du Musée du Vatican.

23 — MARBRE BLANC. Buste représentant *Cromwell*. Travail ancien.

24 — MARBRE BLANC. Buste du grand duc *Cosimo III de Toscane*, en costume de l'époque.

25 — MARBRE BLANC. Buste de la *Princesse Victoria della Rovereve*, femme de Ferdinand III de Toscane, en costume de l'époque.

26 - MARBRE BLANC. Buste de *lord Russell* en costume du temps.

27 — MARBRE BLANC. Groupe représentant *Hercule enfant*.

28 — Marbre polychrome. Buste de *Faustine*.

29 — Marbre polychrome. Buste de *Marc-Aurèle*.

BRONZES, OBJETS D'ART

30 — Jolie pendule Empire en marbre blanc orné de bronzes ciselés et dorés, le mouvement avec draperies dans le bas et sphinx ailés sur les côtés, est surmonté d'un aigle, les montants sont ornés de cariatides et le socle d'un bas-relief représentant une *Ronde d'enfants*, de Clodion.

31 — Pendule Empire de forme architecturale en bois d'acajou et bronzes dorés, le mouvement est supporté par des colonnettes en marbre et le cadran est orné d'un groupe d'amours forgeant leurs traits.

32 — Grande et belle pendule avec son socle d'applique en marqueterie de cuivre sur fond d'ébène orné de bronzes à rocailles et couronnés d'un groupe : *Hercule combattant le lion*.

33 — Groupe en bronze doré : *Henri IV et Sully*, socle en marbre de Porta Santa, XVIIe siècle.

34 — Pendule en bois sculptée marbre blanc, ornée de bronzes dorés, ayant été offerte comme cadeau de noce à Isabelle de Parme et à Joseph II. Epoque 1er Empire.

35 — Jolie pendule en bronze doré représentant *l'Amour forgeron*, socle en marbre. Epoque XVIIIe siècle.

36-38 — Trois paires de petits candélabres formés de cariatides en bronze tenant des bouquets à trois lumières. Époque fin XVIIIe siècle.

39 — Curieuse petite lampe en argent portée par une figurine d'*Hercule*. Travail ancien.

40 — GRAND ET BEAU VASE en bronze patiné vert, bordure à vannerie, panse enflée avec médaillons de feuillages suspendus à des nœuds de rubans, culot et pied à godrons, anses à figures d'amours assis sur des têtes de lions. Style Louis XIV. Reproduction du vase de Versailles.

41 — BEAU VASE en bronze, patine verte de style Louis XIV, bordure à feuilles d'acanthe, panse à têtes de femmes, médaillons à bustes de personnages suspendus à des nœuds de rubans, anses à mufles de lions sous des coquilles sur lesquelles des sphinx assis, culot à godron. Reproduction du vase de Versailles.

42 — PAIRE DE BEAUX VASES Empire en marbre vert de mer, décorés d'une ronde de nymphes et de cariatides de femmes, en bronze ciselé et doré.

43 — PAIRE DE GRANDS CANDÉLABRES Louis XVI, formés par des enfants en bronze, patine brune, portant des bouquets de lumière, socles en marbre blanc cannelé.

44 — JOLI GROUPE en bronze : *Psyché et l'Amour*, de CARRIER-BELLEUSE, socle en marbre rouge.

45 — GROUPE important en bronze : *Hébé*.

46 — Deux statuettes en bronze : les *Enfants studieux*, socles en marbre brocatelle.

47 — Grand cartel Louis XVI, forme lyre.

48 — Belle pendule Louis XVI à console, surmontée d'une figurine de Nymphe, socle en marbre blanc.

49-50 — Deux statuettes en bronze : *Guerriers de la Renaissance*, de Carrier-Belleuse.

51 — Statuette en bronze : l'*Amour aveugle*, de G. Wagner.

52 — Deux potiches en porcelaine de Chine, décor en bleu sur blanc.

53 — Paire de vases forme rouleaux en porcelaine de Chine à personnages.

54 — Paire de vases a anses en porcelaine de Chine, décor à volatiles dans des branchages, cols fond rose à entrelacs fleuris.

55 — Deux cornets et trois potiches en porcelaine de Chine, décor en bleu sur blanc.

56 — Très beau Christ en bois sculpté, attribué à Bouchardon, cadre en bois sculpté et doré de l'époque Louis XIV.

57-58 — Deux groupes en bronze : *Faune et Bacchante* et *Faune, Nymphe et petit Faune*. Signés Clodion, sur socle en marbre à perlés.

59-60 — Deux petits bustes en bronze finement ciselé et doré : *Jeune dieu et jeune déesse*, sur socle en marbre brocatelle d'Espagne. Signés Clodion.

61 — Jolie pendule en bronze doré représentant des amours couronnant une nymphe agenouillée, modèle d'après Falconnet, style Louis XVI, cadran signé Bellenot, sur socle en marbre bleu turquin à perlés de bronze.

62 — Stauette en bronze : *l'Écho*, signée Drouot.

63 — Garniture de cheminée en bronze patiné noire, et partie dorée modèle aux nègres, composée d'une pendule, et de deux candélabre. Époque Ier Empire.

64 -- Paire de flambeaux formant cassolettes en brouze poli, à guirlandes et têtes de béliers sur fut de colonnes cannelés Louis XVI.

65 — Paire de flambeaux en bronze, à côtés tournants. Époque Louis XV.

66-67 — Deux petits groupes de bustes en bronze: *les baisers*, d'Houdon par Schenewerk, sur socles en marbre jaune de Sienne à frise en bronze, jeux d'amours.

68 — Beau groupe en biscuit : *le couronnement de la beauté*, composition de six figures.

69 — Pendule en biscuit d'après Falconet : *le triomphe de l'amour*, socle en marbre jaune, avec tore de laurier en bronze ciselé et doré.

70 — PAIRE DE PETITS VASES avec couvercles en marbre brun du Périgord, monture en bronze Louis XVI.

71 — DEUX FLAMBEAUX en bronze, formés par des statuettes de Chinois portant les binets, socles en marbre bleu turquin. Époque Louis XVI.

72 — STATUETTE équestre en bronze, de *Coléoni*, socle en bronze doré.

73 — ECRITOIRE en bronze doré ciselé et à rocailles avec figures d'amours, fleurettes et godets en porcelaine d'Allemagne. Style Louis XV.

74 — PLAT de la suite de BERNARD PALISSY représentant *l'Annonciation*, bordure à cannelures fleuronnées.

75 — PLAT de la suite de BERNARD PALISSY, marli à salières et cornes d'abondance.

76-77 — DEUX PLATS en faïence de PULL l'un, décor aux mascarons et l'autre aux reptiles.

78 — STATUETTE en terre cuite, attribuée à CHINARD, allégorie des Arts.

79 — VITRAIL ancien.

80 — COFFRET en fer de l'Époque Louis XIII.

— GROUPE en bronze : *Le Saut de l'Obstacle*, trois chevaux de courses franchissent une haie. Signé LENORDEZ.

82 — Paire de Candélabres à 9 lumières, en bronze doré de style Louis XIV, à cariatides de femmes ailées sur socles à draperies.

83 — Statuette de Bayadère en bronze, signée Mayer, socle en marbre.

84 — Plat en ancienne faïence de Rhodes, décor à palmes et gerbes fleuries polychromes.

85 — Plat en ancienne faïence de damas, décor au centre à ceps de vigne, au bord à arabesques.

86 — Tête de nègre. Marbre noir.

MEUBLES

87 — Très belle commode élevée sur quatre pieds à contours, à deux tiroirs de l'époque Louis XV, en marqueterie de bois, avec encadrement, montants. poignées et entrées de serrure en bronze ciselé et doré, à rocailles fleuronnées.

88 — Meule de salon de style Louis XIV, en bois sculpté et doré, couvert en brocart fond clair à grands ramages de fleurs, composé d'un canapé, deux fauteuils et deux chaises.

89 — Table vitrine ouvrant à deux battants, en bois sculpté et doré; riche décor à rocailles Louis XV.

90 — Deux belles torchères en bois sculpté et doré ; composition des plus délicate. Époque Renaissance.

91 — Grande et belle console 1er Empire, en bois sculpté et doré, dessus en marbre Scaglisla orné de peintures.

92 — Console en bois sculptéetdoré, époque Louis XVI, avec dessus de marbre.

93 — Console en bois sculpté et doré, de la fin du XVIIIe siècle.

94 — Grande console en bois sculpté et doré, époque Louis XVI, dessus en marbre Gialli antique.

95 — Belle console en bois sculpté et doré de la fin du xviiie siècle, dessus en marbre brêche de Capitolina.

96 — Console en bois sculpté et doré de la fin du xviiie siècle, dessus en marbre gris.

97 — Deux belles torchères en bois sculpté et doré, Ier Empire.

98 — Deux fauteuils en bois sculpté et doré recouverts d'étoffe de soie. Fin xviiie siècle.

99 — Grande console en bois sculpté et doré, dessus en marbre vert de Polcevère. Époque Louis XVI.

100-101 — Quatre fauteuils en bois sculpté et doré, couverts en étoffe ancienne de la fin du xviiie siècle.

102 — Beau régulateur en bois rose richement garni de bronzes ciselés et dorés, surmonté d'une figurine : *Le Temps*. Époque Louis XIV.

103-104 — Huit grands et beaux fauteuils en bois sculpté à feuillages couverts en brocatelle fond rouge, dessin jaune à couronnes et grands ramages. xvie siècle.

105 — Très beau meuble de salon composé d'un canapé et quatre fauteuils en tapisserie de soie des plus fines, représentant des bouquets et des guirlandes de fleurs sur fond crème et contre-fond rose, bois sculptés et dorés à médaillons, dessin à feuilles de laurier entrelacées avec trophées de carquois aux dossiers. Style Louis XVI.

106 — Belle bergère en noyer sculpté et ciré, dessin très délicat à mascarons et ornements, couverte en tapisserie d'Aubusson à pavots. Style Louis XIV.

107 — Petite commode de forme contournée en marqueterie de bois de rose et palissandre ouvrant à deux tiroirs, garnie de bronzes ciselés et dorés, dessus en marbre. Époque Louis XV.

108 — Joli petit meuble de forme curieuse, pieds contournés, en bois rose et palissandre garni de bronzes, ouvrant à deux portes avec tablette pour écrire. Dessus en brocatelle d'Espagne. Époque Louis XV.

109-110 — Deux grands et hauts supports en bois de fer sculpté et ajouré, ornés d'incrustations de nacre, dessus en marbre rouge griotte.

111 — Deux fauteuils en noyer sculpté à perles et bouquets de rose, foncés de canne. Style Louis XVI.

112 — COMMODE de l'époque Louis XVI, en acajou à trois tiroirs, ornée de cuivres, dessus en marbre.

113 — TABLE, époque Louis XV, en noyer sculpté avec poignées et sabots en bronze ciselé et doré.

114 — BEAU BAHUT orné de bronzes avec panneaux en vernis MARTIN représentant des sujets allégoriques.

115 — CANAPÉ Louis XVI en bois sculpté et laqué gris et vert.

116 — GRAND BUFFET à glaces en noyer sculpté.

117 — HUIT CHAISES à hauts dossiers en noyer sculpté foncées de canne.

118 — QUATRE CHAISES en bois sculpté laqué gris à filets dorés, dossiers lyre, couvertes en velours bleu capitonné et bande en tapisserie. Époque Louis XVI.

INSTRUMENTS DE MUSIQUE

119 — DEUX VIOLONS tyroliens anciens.

120 — DEUX VIOLONS de DIDELAIN, 1775.

121 — UN VIOLON du marquis de LARR, 1810.

122 — UNE GUITARE de PANORMO.

123 — UNE MANDOLINE.

124 — Divers archets anciens.

125 — ORGUE D'ALEXANDRE en chêne ciré et sculpté avec sept jeux et deux pédales de soufflets.

TAPISERISE, ÉTOFFES, TAPIS

126 — BELLE TAPISSERIE de la fin du XVIe siècle représentant un camp. Au premier plan, la reine accorde la main d'une jeune princesse au guerrier vainqueur. Fond de paysage avec vue de ville et cours d'eau, belle bordure à figures, médaillon, vases de fleurs et rinceaux; en haut et sur les côtés.

Haut : 2^{m}75; Larg. : 4^{m}13.

127 — DEUX MORCEAUX velours de Gênes, fond d'argent, dessin vert à grands ramages. Époque Louis XIV.

128 — MORCEAUX DE VELOURS vénitien fond d'or et argent, dessin rouge. XVIe siècle.

129 — DEUX PAREMENTS en soie rouge richement brodée en fin à petits personnages et arabesques fleuris avec auréole en perles, le tout enrichi de pierreries. XVIe siècle.

130 — PETRAHILION en velours vert brodé à personnages figures d'apôtres. Travail grec du XVIIe siècle.

131 — PETIT TABLEAU RECTANGULAIRE en velours orange brodé en fin et à paillettes, dessin à gerbes et arabesques fleuries. XVIIe siècle.

132 — TAPIS en ancien velours vénitien, ton fauve, bordé d'un galon.

133 — CHAPE en brocart d'or et d'argent, dessin à grands ramages sur fond bleu. XVIIe siècle.

134 — PETIT TAPIS CARRÉ en brocart d'or, dessin à fleurs, fond damassé blanc bordé d'une dentelle. Époque Louis XIV.

135 — CHASUBLE en soie marron brochée à fleurs. XVIIIe siècle.

136 — CHASUBLE en brocatelle, fond violet et fond bleu, dessin à ornements du XVIIe siècle.

137 — GRANDE PIÈCE DE TENTURE en ancien damas rouge dessin gerbes fleuries Louis XIV.

138 — CHEMISETTE JUSTAUCORPS en mailles tissées de fin, dessin à gerbes fleuries vertes. XVIIe siècle.

139 — QUATRE MÉDAILLONS OVALES en broderies représentant des allégories des Saisons. XVIIe siècle.

140 — DESSUS DE CALICE en satin rouge brodé en fin à entrelacs avec médaillon au centre représentant le Père Eternel. XVIe siècle.

141 — DESSUS DE CALICE brodé en fin représentant au centre la résurection, aux angles des têtes de hérubins. Travail grec. XVIe siècle.

142 — DESSUS DE CALICE en velours rouge brodé en soie sertie de fil d'argent, dessin à trophées d'ornements et de corbeilles. Travail de la Renaissance.

143 — DEUX GRANDS MILIEUX DE TABLE en broderie fine blanche de Perse.

144 — TROIS PETITS MILIEUX DE TABLE. Même travail.

145 — PETIT TAPIS RECTANGULAIRE en broderie à arabesque fleurie sur fond de fil écru, milieu appliqué sur fond de soie jaune moirée.

146 — GRANDE GALERIE DE PERSE, dessin fond bleu à petits ornements, décor velouté.

Long. : 4m85 ; larg. : 1m15.

147 — TRÈS JOLI TAPIS de prière tout en soie et à reflets, dessin archaïque représentant une porte de mosquée, fond ton ivoire, bordure à très petits dessins polychromes.

148 — BEAU TAPIS PERSAN (Sarak), fond ivoire, avec médaillon, bordure à dessin polychrome.

149 — TAPIS ANCIEN DE PERSE, tissu à reflets fond rouge, bordure fond crème à petit dessin polychrome.

Long. : 2m05 ; larg. : 1m20.

150 — GALERIE ANCIENNE DE PERSE, dessin losange ornementé à reflets veloutés.

Long. : 4m50 ; larg. : 1m15,

151 — Tapis d'orient fond à grands ornements polychromes, bordure blanche à rosaces.

Long. 2^m40 ; larg. 1^m15.

152 — Tapis ancien d'orient fond rouge, à dessins géométriques.

Long. 2^m08 ; larg. 1^m62.

153 — Tapis d'orient fond rouge et petit dessin sur fond crème.

Long. 2^m16 ; larg. 1^m55.

154 — Galerie ancienne de perse fond bleu à reflets veloutés, décor à losanges.

Long. 4^m50 ; larg. 1^m05.

155 — Garniture de fenêtre composée de deux rideaux avec bandeau en velours grenat, ornés en broderie métallique et de soie, de rinceaux, guirlandes de fleurs et de feuillage avec franges assorties.

TABLEAUX, PASTELS

ALBANE

156 — *Le Jugement de Pâris.*

Les dieux et déesses de l'Olympe dans les nuages assistent à la consécration de la beauté de Vénus.

CHAMPAIGNE (Philippe de)

157 — Portrait de dame représentée de face, en riche costume de satin blanc brodé d'or, avec double chaîne à rosaces de diamants et plaques à chatons sur le corsage

Cadre en bois sculpté et doré à jour.

COYPEL (A).

158 — *Mars implorant Vénus emportée sur son char dans les nuages.*

159 — *Mars consultant Minerve dans les airs assisté de Mercure.*

Deux belles compositions.

CERQUOZZI (MICHEL)

160-161 — *Fruits et légumes de toutes sortes.*

Deux pendants.

Cadres en bois sculpté et doré.

COELLO (Attribué à)

162 — *Patricienne.*

Représentée debout en robe de velours noir richement brodée avec manches en gaze de soie blanche, collerette de dentelle, avec perles et fleurs dans les cheveux. Très beau portrait.

Cadre en bois sculpté et doré.

COELLO (Attribué à)

163 — PORTRAIT de jeune prince, représenté debout en armure, la main droite appuyée sur une table où est posé son casque.

Très beau tableau.

CAGNIART

164 — *Vues de Paris.*

Quatre tableaux.

DROUAIS

165 — PORTRAIT de jeune femme peintre, à son chevalet, en robe claire avec mantelet garni de dentelle noire, coiffure à la poudre avec ruban rayé et ruché.

DAVID

166 — PORTRAIT d'une cantatrice représentée dans tout l'éclat de sa jeunesse, en robe blanche, s'appuyant de la main gauche, sur des livres entassés, posés sur une table, tableau des plus agréable.

FRATELLINI

167 — PORTRAIT de jeune femme en corsage bleu décolleté, avec rubans dans les cheveux.

Pastel.

Cadre en bois sculpté et doré.

GIORDANO (LUCAS DE)

168 — *Hercule et Omphale,*

169 — *Bethsabée au bain.*

Pendant du précédent.

Deux gracieuses compositions.

GIORDANO (LUCAS DE)

170 — *La Vierge, l'Enfant Jésus et Saint Jean.*

Œuvre d'une coloration éclatante.

HEINSIUS (Attribué à)

171 — PORTRAIT de femme en robe marron, corsage décolleté, regardant presque de face.

KAUFMANN (ANGELICA)

172 — *Femme peintre aux cheveux roux*, représentée debout, habillée à la grecque, tenant sa palette et ses pinceaux.

LARGILLIÈRE (Attribué à)

173 — Grande dame, la tête tournée vers la droite, en robe bleue bordée d'hermine retenue par des joyaux, caressant son petit chien.

MAAS (Attribué à NICOLAS)

174 — Petit portrait de vieille femme en robe noire avec coiffe et collerette blanche, croix en pierrerie suspendue à son cou.

Cadre en bois sculpté et doré.

MALTESE (dit le chevalier Maltais)

175-178 — *Fleurs, fruits et légumes.*

Quatre panneaux forme ovale d'une décoration très chaude et d'une composition remarquable.

Cadre en bois sculpté et doré.

MIGNARD

179 — PORTRAIT de grande dame au corsage noir décolleté bordé d'hermine, sur juge de brocart blanc avec écharpe rouge qu'elle tient gracieusement de la main droite. Ses beaux cheveux noirs supportent une coiffure étourdissante toute empanachée de plumes rouges, noires et blanches.

Cadre en bois.

MENGS (RAPHAEL)

180 — *Portrait présumé de Joseph II, en habit rouge.*

METSCHER (Attribué à)

181 — GRANDE DAME coiffure à bandeaux ondulés, corsage marron décolleté.

Cadre en bois sculpté et doré avec fronton.

PIAZZETTA

182 — *Le Buveur.*

ROBERT

183 — *L'Intérieur rustique.*

Devant l'âtre, dans une vaste salle, la maman est assise sur un baquet et joue avec son plus jeune enfant, à droite deux autres bambins sont à genoux regardant la flambée, plus loin entr'ouvant une porte une jeune fille observe un bébé assis sur les marches d'un petit escalier, à gauche un chien et tout autour, épars dans la salle, des légumes et des ustensiles de cuisine,

Signé et daté 1792.

ROBERT

184 — *La Dévideuse.*

Elle est assise en face de l'entrée de sa demeure rustique, dévidant de la laine blanche. Derrière elle une jeune fille, près d'un puit cause avec un personnage dont on ne voit que la tête; à gauche au milieu des ruines d'un palais un paysan est accoudé et un enfant tenant une ligne de pêche descend les degrés de la maison rustique. Un chien blanc dort couché dans une corbeille.

Pendant du précédent.

ROMAIN (Attribué à Jules)

185 — *Ariane et Bacchus.*

Gracieuse composition dans les teintes claires et harmonieuses.

ROSE DE TIVOLI

186 — Paysage montagneux animé de bergers et bergères conduisant de nombreux troupeaux.

Note puissante du peintre.

LA ROSALBA

187 — *Portrait de jeune femme de la cour de Louis XVI.*

Représentée en corsage rose garni de dentelle avec manteau de soie grise tombant sur une épaule et collier de perles en écharpe. Coiffure haute bouclée avec roses.

Beau pastel.

TRINQUESSE (Attribué à)

188 — PORTRAIT de jeune femme en riche costume avec écharpe brodée d'or, parée de perles.

TRINQUESSE

189 — PORTRAIT de dame de qualité en robe bleue à corsage décolleté avec guimpe de dentelle blanche, relevant gracieusement de la main gauche son manteau de cour.

TIÉPOLO

190 — ÉVÊQUE ARMÉNIEN à grande barbe blanche, tenant l'ensensoir.

TOURNIÈRES (Attribué à)

191 — PORTRAIT de grande dame en riche costume, parée de joyaux.

Toile ovale, cadre en bois sculpté et doré.

VAN LOO

192 — PORTRAIT de grande dame en robe bleue, avec manteau rouge garni de fourrures, caressant son petit chien, coiffure haute à la poudre avec libellule en pierrerie.

VESTIER (Attribué à)

193 — *La Reine Marie-Thérèse.*

Représentée debout, en costume de Cour, robe de velours bleu brodé d'or, garnie de magnifiques dentelles, avec manteau de brocart; son attitude est majestueuse; de la main droite tenant son sceptre appuyé sur la couronne royale.

Cadre en bois sculpté et doré, avec fronton à nœud de ruban et jetée de fleurs.

VELASQUEZ (Ecole de)

194 — Portrait de femme en corsage noir brodé de dentelles blanches, longue chevelure noire bouclée, ornée de fleurs.

Cadre en bois sculpté et doré.

ÉCOLE DU XVIe SIÈCLE

195 — *Jeune patricienne.*

Représentée en buste de profil, la tête tournée vers la gauche, en robe blanche brodée d'or, chevelure blonde avec coiffe, peinture intéressante.

Cadre en bois peint.

ÉCOLE ALLEMANDE DU XVIIIe SIÈCLE

196 — Portrait d'un maréchal en armure, représenté debout.

197 — Portrait de dame en robe blanche à fleurs, avec manteau rouge, gracieusement drapé, coiffure à la poudre avec plume.

Deux pendants ovales, cadres en bois sculpté et doré, frontons à coquilles et feuilles de chêne.

ECOLE ANGLAISE

198 — *Portrait de Lady Grey.*

Elle regarde presque de face, de sa main gauche elle retient sa chemise sous un manteau de fourrure doublé de soie rose. Dans les cheveux un nœud rose et broche avec perle pendeloque.

Pastel.

ÉCOLE DU XVIIIe SIÈCLE

199 — Grande dame en robe de brocart, coiffure ornée d'une aigrette à plumes, pendeloques de perles dans les cheveux.

ÉCOLE DU XVIIIe SIÈCLE

200 — PORTRAIT DE DAME de la cour, en riche costume, avec diadème de perles dans les cheveux, la main gauche appuyée sur un vase de fleurs.

ÉCOLE DU XVIIIe SIÈCLE

201 — DAME DE QUALITÉ, en robe bleue ornée de dentelles et de perles avec manteau rouge, cheveux poudrés.

ÉCOLE DU XVIIIe SIÈCLE

202 — PORTRAIT de jeune femme, la tête tournée un peu à gauche, en robe bleue brodée d'or avec joyaux au corsage et dans les cheveux.

ÉCOLE DU XVIIIe SIÈCLE

203 — PORTRAIT de jeune femme en robe rouge avec manches blanches, jouant avec un collier de perles.

ÉCOLE DU XVIIIe SIÈCLE

204-205 — *Portraits de grande dame et de gentilhomme.*

Deux grands tableaux se faisant pendant.

ÉCOLE DU XVIIIe SIÈCLE

206 — PORTRAIT de jeune femme en robe bleue, très parée de perles enguirlandant le corsage, cheveux à la poudre.

ÉCOLE DU XVIIIe SIÈCLE

207 — PORTRAIT de dame en robe orange, tenant un éventail à la main.

ÉCOLE DU XVIIIe SIÈCLE

208 — Portrait de grande dame en costume de cour parée de perles, avec coiffure à aigrette.

Cadre en bois sculpté et doré.

ÉCOLE DU XVIIIe SIÈCLE

209 — Portrait de dame tenant un chien, coiffure haute avec rubans et perles.

ÉCOLE DU XVIIIe SIÈCLE

210 — Portrait de femme en corsage décolleté, relevant gracieusement son manteau bleu de la main gauche.

ÉCOLE DU XVIIIe SIÈCLE

211 — Peintre représenté assis à sa table avec ses fusains à la main.

Bon tableau.

Cadre en bois sculpté et doré.

ÉCOLE DU XVIIIe SIÈCLE

212 — Dame de la Cour en robe bleue et or, manteau rouge doublé d'hermine, regardant presque de face.

ÉCOLE DU XVIIIe SIÈCLE

213 — Grande dame en robe bleue décolletée, tenant un médaillon dans sa main gauche.

ÉCOLE DU XVIIIe SIÉCLE

214 — Portrait de jeune femme en robe bleue avec dentelles, tenant un livre à la main.

ÉCOLE DU XVIIIe SIÈCLE

215 — *L'Innocence.*

Sous les traits d'une jeune femme caressant une colombe.

Cadre en bois sculpté et doré.

ÉCOLE DU XVIIIe SIÈCLE

216 — PORTRAIT de gentilhomme en habit gris-clair avec le cordon de Saint-Louis en sautoir, et chamarré de décorations de tous ordres.

ÉCOLE DU DIRECTOIRE

217 — PORTRAIT de jeune garçon en habit bleu.

ÉCOLE FLAMANDE

218 — PORTRAIT de jeune prince habillé en armure, avec collerette tuyautée.

Cadre en bois sculpté et doré, ovale.

ÉCOLE GRECQUE-BYZANTINE

219 — *La Présentation de l'Enfant Jésus.*

Composition de cinq figures, peinture sur fond d'or.

Panneau. Haut. 0^{m}50; larg. : 0^{m}38.

ÉCOLE ITALIENNE

220 — SAINTE CATHERINE, sous les traits d'une jeune femme regardant vers la droite.

ÉCOLE ITALIENNE

221 — *Portrait d'homme à perruque.*

ECOLE ITALIENNE

222 — PORTRAIT D'HOMME en habit bleu et gilet rouge, cheveux poudrés.

ÉCOLE ITALIENNE MODERNE

223 — JEUNE NAPOLITAIN ET ENFANT jouant avec des raisins.

224 — OBJETS OMIS.

www.ingramcontent.com/pod-product-compliance
Ingram Content Group UK Ltd.
Pitfield, Milton Keynes, MK11 3LW, UK
UKHW022145260726
13993UKWH00005B/2159

9 782329 545028